İÇİNDEKİ MASALLAR

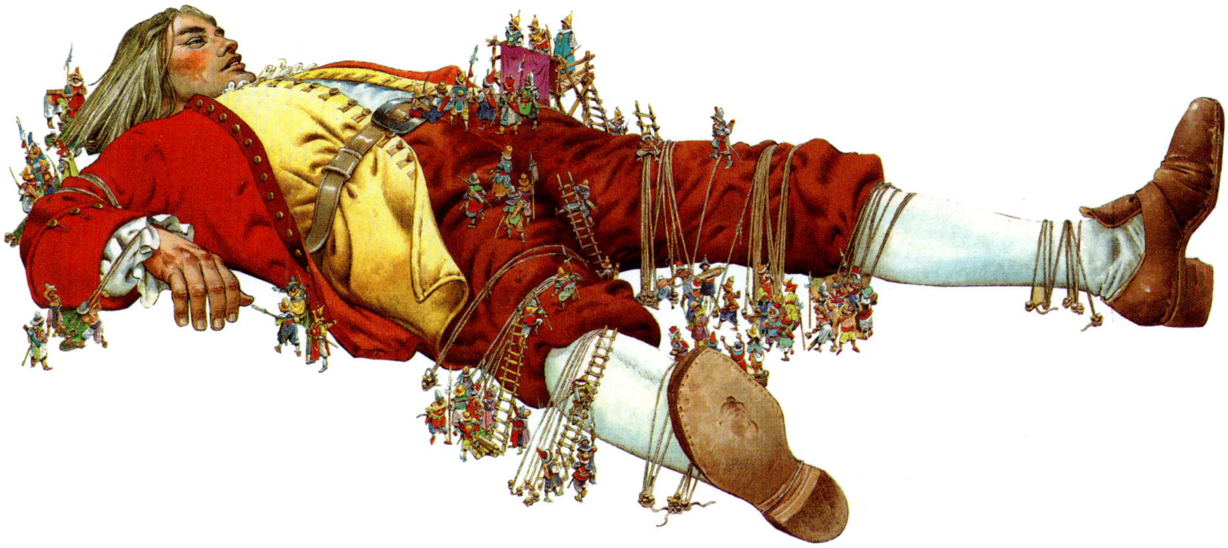

DOĞAN EGMONT YAYINCILIK

ÇİRKİN ÖRDEK YAVRUSU

Bir varmış, bir yokmuş... eski bir çiftlikte yaşayan bir ördek ailesi varmış. Anne ördeğin yeni yavrular için kuluçkaya yatma süresi yeni dolmuş. Güzel bir sabah, altı tane kıpır kıpır ördek yavrusu, cıvıldayarak yumurtadan çıkmışlar. Ama diğerlerinden daha büyük olan bir yumurta açılmamış. Anne ördek bu yedinci yumurtayı yumurtladığını hatırlamıyormuş. Peki burada ne işi varmış? TAK! TAK! İçeride hapis kalan yavru, yumurtanın kabuğuna vurmaya devam ediyormuş.

"Acaba sayıyı şaşırmış olabilir miyim?" diye kendi kendine sormuş, anne ördek. Ama şüphelerini açığa kavuşturacak zaman bulamamış, çünkü geç kalan yumurta da açılıvermiş: Sarı değil de, gri tüyleri olan, tuhaf bir ördek yavrusu yumurtadan çıkıp şaşkın şaşkın annesine bakmış.
Ördek yavruları hızla büyüyormuş. Ama anne ördek dertliymiş. Ne zaman en son doğana baksa: "O kadar çirkin ki, bu nasıl benim yavrum olur anlayamıyorum!" diyormuş, şaşkın şaşkın. Gerçekten de, gri ördek yavrusu güzel olmadığı gibi, kardeşlerinden daha çok yediği için de hepsinden daha iriymiş.
İlerleyen günler zavallı ördek yavrusuna yalnızca üzüntü getirmiş. Çirkin ve hantal olduğu için kardeşleri onunla oynamak istememişler. Kümesteki diğer hayvanlar da ona gülüyorlarmış. Kısacası, arada sırada anne ördek onu teselli etse de, kendini yalnız ve mutsuz hissediyormuş:
"Zavallı çirkin oğlum!" dermiş annesi, "Neden sen de diğerlerine benzemedin sanki?"
Zavallı küçük yavrunun mutsuzluğu günden güne artıyormuş.
Herkesin kendisini dışladığını düşünüyor, geceleri gizli gizli ağlıyormuş.

"Kimse beni sevmiyor, burada herkes benimle alay ediyor. Ah! Niçin ben de kardeşlerime benzemiyorum?"
Bir sabah, çiftlikten kaçmış. Mola verdiği küçük gölde, karşısına çıkan herkese sormuş:
"Benim gibi gri tüyleri olan ördekler nerede, biliyor musunuz?"

Herkes başını sallıyor, "Senin kadar çirkin kimseyi tanımıyoruz," diyormuş. Ördek yavrusu yılmamış ve aynı soruyu sormaya devam etmiş. Bir su birikintisine gelmiş ve karşılaştığı iki iri kaz ona aynı yanıtı vermişler. Hatta onu uyarmışlar: "Hemen buradan kaç, burası tehlikeli, etrafta avcılar var!" Ördek yavrusu, çiftliğin yolunu bulamadığı için yeniden ağlamaya başlamış.

Bir gün yine böyle başıboş gezinirken, yaşlı bir köylü kadının kulübesinin yakınlarına gelmiş. Kadın onu yolunu şaşırmış bir kaz zannedip yakalamış. "Bunu kafese koyacağım. Umarım dişidir de, bir sürü yumurta verir!" demiş gözleri iyi görmeyen yaşlı kadın. Ama ördek yavrusu yumurtlamamış.

Tavuk onu sürekli korkutuyormuş: "Göreceksin, yumurta vermezsen, bu kadın kafanı koparıp seni tencereye atacak!" Kedi de yangına körükle gidiyormuş: "Heh! Heh! Umarım yaşlı kadın seni bir an önce pişirir; ben de kemiklerini sıyırırım!" Zavallı ördek yavrusunun korkudan iştahı da kaçmış. Köylü kadınsa söylenmeye devam ediyormuş: "Madem yumurtlamıyorsun, inşallah çabuk semirirsin!"

"Ne kadar acımasızlar!" diyormuş dehşete kapılan ördekçik, "Böyle giderse, korkudan öleceğim! Keşke biri beni sevseydi."
Derken, bir gece kafesin aralık kalan kapısından kaçıvermiş. Hızla kulübeden uzaklaşmış. Gün doğarken kendini sık

bir sazlığın ortasında bulmuş.
"Madem kimse beni istemiyor, ben de sonsuza dek burada saklanırım," demiş. Yiyecek bolmuş ve ördek yavrusu huzur bulmaya başlamış, ama yalnızlık çekiyormuş. Bir sabah, güneye göç etmekte olan kıvrık boyunlu, sarı gagalı, kocaman kanatlı, gösterişli, beyaz kuşlar görmüş. "Oh, bir gün için bile olsa onlar kadar güzel olabilseydim!" demiş yavru ördek, onları uzaktan hayranlıkla izlerken.
Kış gelmiş ve sazlığın suyu buz tutmuş. Zavallı ördek yavrusu karda yiyecek aramaya çıkmış. Ama

yorgunluktan bitkin düşmüş. Oradan geçen bir çiftçi onu bulup ceketinin geniş cebine yerleştirmiş.
"Onu çocuklarıma götüreyim de iyileştirsinler. Zavallıcık! Tamamen donmuş!" demiş adamcağız, onu okşayarak.
Evdeki herkes bu yeni gelenle çok ilgilenmiş, böylece ördek yavrusu kış soğuğunda donmaktan kurtulmuş.
Ama ilkbahar gelene kadar öyle büyümüş ki, çiftçi karar vermiş: "Onu göle götürüp serbest bırakacağım!"
İşte o zaman, ördek yavrusu sudaki yansımasını görmüş: "İmkansız! Nasıl

da değişmişim! Artık kendimi tanıyamıyorum!"

Göç ettiği yerden dönen kuğu sürüsü göle inmiş. Ördek yavrusu yeni gelenleri görünce tıpkı kendisine benzediklerini fark etmiş ve kısa zamanda onlarla arkadaşlık kurmuş.
"Bizler de senin gibi kuğuyuz! Şimdiye kadar nerede saklandın?" diye, sormuşlar ona.
"Bu uzun bir hikaye!" diye yanıtlamış, hâlâ şaşkınlığını üzerinden atamayan genç kuğu. Şimdi benzerlerinin arasında gururla yüzüyormuş.
Günlerden bir gün, kıyıdaki birkaç çocuğun konuşmasını duymuş:
"Bakın, şu genç kuğuya bakın, en güzeli o!"
Artık kendini çok, çok mutlu hissediyormuş.

KURŞUN ASKER

Bir varmış, bir yokmuş... bir sürü oyuncağı olan bir çocuk varmış. Oyuncaklarını odasında tutar ve gün boyunca onlarla oynayarak çok güzel saatler geçirirmiş. En sevdiği oyunlardan biri, kurşun askerlerin savaşıymış: Askerleri karşı karşıya dizer ve savaştırırmış... Bu askerler ona ilk armağan edildiğinde, bir döküm hatası yüzünden, içlerinden birinin bir bacağının olmadığını fark etmiş. Yine de, oyun oynarken, sakat askeri en başarılıları olmaya teşvik etmek için, herkesin önüne, ilk sıraya koyarmış.
Çocuk, geceleri oyuncaklarının canlandığını ve aralarında konuştuklarını bilmezmiş; sık sık da, bütün askerlerini sıraya dizip bırakırken, bacağı olmayanı diğer oyuncaklarının arasında unuturmuş. Böylece, kurşun asker, kendini yine kendisi gibi metalden yapılma, hoş bir balerinle konuşur bulmuş. Aralarında büyük bir yakınlık doğmuş ve yavaş yavaş, neredeyse hiç farkında olmadan, askercik kıza aşık olmuş. Geceler birbiri ardından hızla geçip gidiyormuş ve aşık asker, sevgisini itiraf edecek cesareti bir türlü bulamıyormuş. Çocuk onu savaşması için diğer askerlerin yanına koyduğu zamanlar, kızın onun ne kadar cesur olduğunu görmesini ümit edermiş. Akşamları, balerin ona korkup korkmadığını sorduğunda, gururla 'hayır' dermiş.

Ama askerin ısrarlı bakışları ve iç çekişleri sürpriz kutusu içinde kapalı duran küçük şeytanın dikkatinden kaçmamış. Gece yarısı olup da, kutu tıpkı bir büyü yapılmış gibi açılıverdiğinde, parmağıyla zavallı askeri işaret ediyormuş. Derken bir gece, küçük şeytan ağzındaki baklayı çıkarmış: "Hey, sen! Balerine fazla bakma!"
Zavallı askercik, şaşkınlıkla kıpkırmızı kesilmiş ama nazik balerin, onu rahatlatmış: "O çirkin, kıskanç şeyi dinleme! Ben seninle sohbet etmeyi çok seviyorum!" Bunları söyledikten sonra, o da kızarmış.
Zavallı kurşun asker; ikisi de öyle utangaçmış ki, birbirlerini sevdiklerini söyleyememişler! Derken bir gün birbirlerinden ayrılmışlar.
Çocuk, kurşun askeri alıp pencerenin önüne koymuş. "Burada kal ve içeri düşman girmesin diye nöbet tut! Bir bacağın eksik de olsa, gözcülük yapabilirsin!"
Sonra, oyuna başlamak için, diğer askerleri masanın üstüne dizmiş.
Mevsim yazmış ve sonraki günlerde de kurşun askeri yerinden oynatan olmamış.
Bir öğleden sonra, aniden fırtına patlayıvermiş. Rüzgar yüzünden pencere kanatları kapanıp kurşun askeri boşluğa düşürmüş. Pencere pervazından baş aşağı yere düşerken, tüfeğinin süngüsü toprağa saplanmış.

Rüzgar ve yağmur devam ediyormuş: Bu gerçekten korkunç bir fırtınaymış! Bardaktan boşanırcasına yağan yağmur, kısa sürede geniş su birikintileri oluşturmuş ve kanalizasyon çukurları bitip tükenmeyen yağmur sularıyla dolmuş.
Yakındaki bir okulun kapısında, bir grup çocuk dışarı çıkabilmek için sabırsızlıkla yağmurun dinmesini bekliyormuş.
Nihayet yağmurun hızı kesilmeye başlamış ve çocuklar evlerine dönmek için koşarak dışarı fırlamışlar.
Şamata etmekten geri kalmayan çocuklar, en büyük su birikintilerinden kaçabilmek için hoplayıp zıplıyormuş; içlerinden ikisi, son yağmur damlalarına yakalanmamak için, dikkatlice evlerin duvarlarına yakın yürüyorlarmış. Böylece, yağmur yüzünden yumuşayan toprağa saplanmış kurşun askeri görmüşler.

"Yalnızca tek bacağı olması ne kötü! Yoksa onu eve götürürdüm!" demiş biri.
Diğeri oyuncağı alıp cebine koymuş: "Yine de alalım, belki işimize yarar!"
Caddenin yukarısından aşağı doğru hızla sular akıyormuş. Nasıl olduysa bu suyun içine düşmüş kağıttan yapılma bir kayık, suyla birlikte yanlarına sürüklenmiş.
"Askeri bunun içine koyalım, böylece denizci olur!" demiş onu alan çocuk. Böylece, kurşun asker denizci olmuş!
Hızla akan su bir kanalizasyon çukuruna iniyormuş, gemi de oraya sürüklenmiş.

Yeraltındaki kanalda su yüksek ve çamurluymuş: Kocaman fareler, sırılsıklam olmuş, neredeyse batacak kayık tek yolcusuyla yanlarından geçerken, dişlerini gıcırdatıyormuş.
Ama savaşta onca tehlikeyle karşılaşmış olan askeri korkutmak için bundan daha fazlası gerekiyormuş! Kanalizasyondaki su bir nehre dökülmüş ve o sırada yüksek dalgalar arasında kalan kayık ters yüz olmuş. Asker o anda sonunun yaklaşmakta olduğunu anlamış.

Kayık battıktan sonra, asker suya gömülmüş. Aklından binlerce düşünce geçiyormuş ve içlerinden biri özellikle canını sıkmaktaymış: "Bir daha asla tatlı balerinimi göremeyeceğim!"
Ama kocaman bir ağız onu yutuvermiş ve kurşun askerin kaderi bir kez daha değişmiş. Artık kurşun asker, üniformasının değişik renkleri yüzünden onu fark eden ve ağzının suyu akan kocaman bir balığın karanlık midesindeymiş.
Ama balığın bu müthiş ziyafetin tadını çıkartmak için pek fazla zamanı olmamış. Bir balıkçının nehre attığı büyük ağa yakalanıvermiş. Çok geçmeden kendini, diğer talihsiz balıklarla birlikte, pazara götürülen bir sepetin içinde bulmuş.
"İşte, bu tam akşam yemeğine gelecek davetlilere göre!" demiş kadının biri, bir tezgaha yerleştirilmiş koca balığı görünce. Artık balık mutfaktaymış. Aşçı onu temizlemek için içini açmış ve eline gelen kurşun askeri görünce çok şaşırmış.

"Ama bu onun askeri..." diyerek, tek bacağı olmayan askeri bulduğunu söylemek üzere çocuğun yanına koşmuş.
"Bu kesinlikle benim!" demiş, kayıp askerini tanıyarak sevinen çocuk. "Kim bilir neler oldu da o balığın karnına girdi! Zavallıcık, pencereden düştüğünden beri başından neler geçmiştir!"
Ve askeri şöminenin üzerindeki rafa, bir süre önce kız kardeşinin oraya koyduğu balerinin yanına yerleştirmiş.
Kaderin mucizesi iki aşığı yine bir araya getirmiş. Birbirlerine yakın olduklarına sevinmişler. Gece boyunca aralıksız konuşabilir ve ayrılmalarından sonra olanları birbirlerine anlatabilirlermiş. Ama yeni bir sürprizle karşılaşmışlar: Şiddetli hava akımın havalandırdığı ağır tül havalanıp balerine çarpmış ve onu şöminedeki ateşe düşürmüş.
Arkadaşının düştüğünü gören kurşun asker, korkuya kapılmış. Aşağıda, şöminede ateş yandığını biliyormuş. Onu kurtarmak için yapabileceğin hiçbir şey yokmuş. Bir kurşun asker için ateş, en büyük düşmanmış. Çünkü ateş metali eritirmiş.
Tek bacağı üzerinde sallanarak kendisini ayakta tutan kaideyi kımıldatmaya çalışmış.

Bu çabası, o da ateşe düşene dek uzun süre devam etmiş. Böylece, kötü günde de yan yanaymışlar. O kadar yakınmışlar ki, ateşten ısınan metal kaideleri erimeye başlamış.
Birinin kaidesini oluşturan kurşun, diğerininkiyle karışmış ve artık sıvılaşan metal, kalp şeklini almış. Vücutları da neredeyse eriyecekken, şöminenin önünden geçmekte olan çocuk, iki oyuncağını alevler arasında görmüş. Onları ayağıyla ateşten uzaklaştırmış. O günden sonra, asker ve balerin, kader onları birleştirdiği için, daima birbirlerine yakın olmuşlar: Kalp şeklindeki tek bir kaide üstünde.

GÜLİVER

Bir varmış, bir yokmuş... başından olağanüstü bir macera geçen Güliver adlı bir İngiliz doktor varmış.
Güliver, Bristol'den, doğudaki Hint Adaları'na doğru yola çıkan Antilop adlı bir gemiye binmiş. Ama şiddetli bir fırtına sırasında denize düşmüş. Gemi ise bütün mürettebatıyla birlikte denizin dibini boylamış. Bir masaya tutunan Güliver bütün gece boyunca dalgalarla boğuşmuş. Gün doğarken, deniz sakinleşmiş ve akıntı, doktoru ıssız bir kumsala sürüklemiş. Bitkin, ama hâlâ hayatta olduğu için sevinçli olarak kumların üzerinde derin bir uykuya dalmış.

O uyandığında güneş yükseleli çok oluyormuş. Gözlerini sıkıca kapamış ve onları güneşten korumak için bir kolunu kaldırmış. Ama eli kımıldamamış, çünkü bir şey onu tutuyormuş. Diğer kolunu oynatmayı da başaramamış. Başını kaldırmayı denediğinde, saçlarının yere tutturulmuş olduğunu fark etmiş. Bacakları da hareket edemiyormuş. Etrafında bir kalabalığın uğultusunu duymuş. Ama tek görebildiği gökyüzü olduğundan neler olup bittiğini anlayamıyormuş. Bir süre sonra, bacağının üzerinde canlı bir şey hareket etmiş, göğsüne kadar gelip oradan çenesine varmış.
Güliver aşağı doğru bakmaya çalışırken, büyük bir şaşkınlıkla,

karşısındakinin çok güzel giyimli, yaklaşık on beş santimetre boyunda, ok ve yayla tepeden tırnağa silahlanmış, minicik bir adam olduğunu fark etmiş.
Güliver büyük bir çaba harcayarak sağ kolunu kurtarmayı başarmış ve bir yanı üzerinde dönmüş.

İşte o zaman, minik insanlardan oluşan büyük bir kalabalığın kendisini iplerle yere bağlamış olduğunu fark etmiş.
Karşısındaki küçük yaratığı eline almış ve diğer kolunu da kurtararak, hareketler yardımıyla ona, çok susamış olduğunu anlatmış. Küçük adam keskin bir ıslık çalmış ve az sonra en iyi cins şarapla dolu fıçılar taşıyan at arabaları gelmiş. Güliver bunların elli kadarını boşaltmış. Sonra ona tüfek mermisi büyüklüğünde, 'büyük' yuvarlak ekmekler getirmişler. Bütün bu süre boyunca, Güliver yakaladığı komutana benzeyen askeri tıpkı bir rehine gibi, elinde tutuyormuş.
Sonuçta Güliver de, küçük adamlar da kimsenin kimseye kötülük etmek niyetinde olmadığını anlamışlar.

Doktorun, kımıldarken kimseyi ezmemek için büyük dikkat sarf etmesi gerekiyormuş. Küçük adamlar, yine hareketlerle, ona ayağa kalkması ve kendileriyle gelmesi gerektiğini anlatmışlar.
Güliver'in gördüğü ülke, tümüyle minyatür boyutlardaymış: Ağaçlar, nehirler, her şey

bu tuhaf, küçük varlıklara göreymiş. Bir kente varmışlar ve hâlâ çok dikkatle hareket etmekte olan Güliver, çok önemli kişiler oldukları fark edilen birilerinin üzerinde durduğu bir kuleye götürülmüş. Gerçekten de, içlerinden biri imparatormuş. Büyük bir megafonla kuleden ona seslenirken defalarca "Lilliput" demiş. Güliver bunun, bu tuhaf ülkenin adı olduğunu anlamış. Ona kalacak yer olarak,

kulenin yakınında bulunan ve Lilliputlulara devasa gelen bir binayı göstermişler.
Doktor bir ayağını zincirlemelerine izin vermiş. Çünkü gerekirse bundan kurtulmakta hiç zorluk çekmeyeceğini biliyormuş. Sonraki günlerde, böyle tuhaf bir durum içinde olmakla birlikte, hayatta kaldığı için mutlu olan Güliver deniz kazasından dolayı duyduğu dehşeti üzerinden atmış. Lilliputlular ona her çeşit yiyecek getiriyorlarmış. Zamanla, Güliver ve bazı bilginlerin, büyük kağıtlar üzerine sırayla ve kendi

dillerinde yazdıkları harflerle iletişim kurmaya başlamışlar. Lilliput imparatoruyla ilişkileri de iyiymiş. Müthiş bir kalabalık her gün Güliver'i seyretmeye geliyor ve herkes bir miktar yiyecek bağışlıyormuş.

Bir gün Güliver tabancasıyla bir selamlama atışı yaparak herkesi şaşırtmak istemiş. Bunun etkisi büyük olmuş. O anda, kendisi bile, bu olayın kaderini değiştireceğinin farkında değilmiş.

Güliver'in o deniz kazasından kurtarabildikleri kılıcı, tabancası, saati, küçük bir günlük, bir tıraşbıçağı, biraz para ve eski bir tarakmış. İmparator Güliver'in bu nesneleri nasıl kullandığını öğrenmek istemiş.

Tek bir kılıç darbesiyle bir grup ağacı kesiverişi imparatoru çok etkilemiş. Dillerini anlamaya başlayan Güliver, Lilliputluların alışkanlıkları hakkında çok şey biliyor, neden silahlı gezdiklerini anlıyormuş. Çünkü denizin öbür tarafında Blefuscu adlı bir ada varmış ve oranın halkı uzun süredir Lilliputlulara düşmanmış. Lilliput birçok kereler, Blefuscu saldırılarını geri püskürtmüş.

Bir gün, İmparator'un bir habercisi koşarak gelmiş ve Güliver'den saraya gitmesini istemiş. İmparator'un onunla konuşması gerekiyormuş. Cüssesi nedeniyle içeri girmesi imkansız olan Güliver, İmparator'u sarayın avlusunda beklemiş. İmparator ona savaşın kaçınılmaz olduğunu söylemiş: Çünkü bazı ajanlar, Blefuscu donanmasının, Lilliput'u istila etmek üzere harekete hazırlandığını bildirmişler.

Sonra, Güliver'den, Lilliputluları o saldırıdan korumasını istemiş. O da yardım etmeyi kabul etmiş, ama iki koşulu varmış: Kimse öldürülmeyecek ve zafer kazanmaları durumunda, geldiği dünyaya dönebilmesi için İmparator ona yardım edecekmiş. Güliver'in iki koşulu da kabul edilmiş.

Bunun üzerine Güliver, Blefuscu'nun tam olarak nerede olduğunu ve limanının konumunu öğrenmiş. Sonra, tüm ada çevresindeki suyun derinliğinin bir iskandil yardımıyla ölçülmesini istemiş.
En derin yerlerde bile, derinliğin ancak kemerine kadar geldiğini, yani on iki Lilliput metresini aşmadığını öğrenince, bir saldırı planı hazırlamış.
Denizin yoğun sisle kaplı olduğu bir günü beklemiş ve suyun içinde yürüyerek, Blefuscu limanına gitmiş. Orada, minik adalı yerlilerin korkulu bakışları arasında, Lilliput istilasında kullanılacak gemilerinin halatlarını koparmış, onları açık denize sürükledikten sonra, hepsini batırmış.
Artık Lilliput halkı rahatlayabilirmiş!
Güliver bütün sorunları çözdüğünü sanıyormuş, ama İmparator'un onu serbest bırakma sözünü tutmayacağından habersizmiş.

İmparator, onu yirmi dört terziye diktirdiği bir şapkayla ödüllendirdikten sonra, Lilliput'u terk etmesine yardım etmekten vazgeçmiş. Güliver, artık Blefuscu'ya hakim olmayı hayal eden İmparator için çok değerliymiş. Onu kumsalda ilk bulan kişi olan Muhafız Komutanı, Güliver'e: "Eğer istediğini yapmazsan, İmparator seni zehirletecek!" demiş.
Güliver bu defa korkmuş. Zehir gibi bir silahtan korunması imkansızmış.

Bu yüzden, kaçmaya karar vermiş. Bir gece, bütün eşyalarını bir gemiye yüklemiş. Onu peşinden sürükleyerek, yeniden Blefuscu'ya gitmiş ve adanın kralıyla konuşmak istediğini söylemiş. Kral'a geliş nedenini açıklamış: "Ben burada olup sizi koruduğum sürece, Lilliputlular size saldıramaz! Buna karşılık, siz de benim kendi dünyama dönmeme yardım edeceksiniz." Blefuscu kralı, donanması yok edilmişken bir savaşa girip kadere meydan okumak niyetinde değilmiş. Bu yüzden, Güliver adada hoş karşılanmış ve yardım istediğinde herkes koşup gelmiş.

Güliver ilk olarak, ada kıyılarının araştırılmasını istemiş. Fırtına sonrasında sürüklenmiş herhangi bir enkaz arayacaklarmış.
Aramalar bittiğinde, beklenmedik bir sonuç elde etmişler. Denize doğru uzanan bir kayalığın yanında, fırtınayla kıyıya vurmuş, üzeri kumlarla kaplı bir yük teknesi omurgası bulunmuş. Güliver hemen onu görmeye koşmuş ve Blefuscu sakinlerinin yardımı ve uzun bir çalışmayla tekneyi onarmanın mümkün olduğunu fark etmiş. Minnacık Blefuscu ağaçlarıyla tekneyi onarmaları aylar almış... ama sonunda büyük gün gelmiş.
Tam bir hafta boyunca, Blefuscu halkı uzun sıralar oluşturarak tekneye su ve yiyecek taşımış.

Güliver yola çıkmaya karar verdiğinde, kıyıda onu yolcu etmek için sallanan binlerce mendilcik varmış. Birkaç kuvvetli kürek darbesinin ardından, Blefuscu uzak bir nokta halini almış. Güliver günlerce kürek çekmiş. Sonunda, teknenin kürek çekmeden de hızla ilerlediğini fark etmiş. Güçlü bir akıntı onu ileri doğru iterken, denizin üstüne gizemli bir sis perdesi çökmüş. Sonunda, biri büyü yapmış gibi, sis perdesi dağılıvermiş ve Güliver birkaç martının uçtuğunu görmüş: Bunlar, Lilliput'un minik martıları değil, normal martılarmış. Sonunda, Güliver yeniden kendi dünyasındaymış.

GÜZEL VE ÇİRKİN

Bir zamanlar üç tane kızı olan bir tüccar varmış. Tüccar bir gün kızlarını yanına çağırmış ve iş gezisine çıkacağını söylemiş. Kızlarına, onlara ne getirmesini istediklerini sormuş. Büyük kızı güzel bir giysi istemiş. Ortanca kızı, inci bir kolye istemiş. En küçükleri de babasına, "Kendi ellerinle kopardığın bir gül bana yeter!" demiş.

Ertesi gün yola çıkan tüccar, işlerini bitirir bitirmez eve dönmek üzere yola koyulmuş. Ancak büyük bir fırtınaya yakalanmış. Dondurucu bir rüzgâr esiyormuş. Adamın atı zorlukla ilerliyormuş. Yorulup üşüyen tüccar, geceyi yakınlarda bulabileceği bir handa geçirmeye karar vermiş. Ormanın içinde bir ışık parladığını görünce oraya doğru ilerlemiş.

Yaklaşınca bunun bir şato olduğunu görmüş. Kendi kendine, "Umarım beni misafir ederler," diyerek kapıya yaklaşmış. Kapının açık olduğunu görünce, içeri doğru seslenmiş, ama yanıt alamamış.

Bunun üzerine, içeri girme cesaretinde bulunmuş. Salona girdiğinde, odanın ortasında bulunan uzun yemek masasının çeşit çeşit yemeklerle donatıldığını görmüş. Karnı da bir hayli aç olduğu için masaya oturup yemek yemeye başlamış. Yemeği bitince merak içinde birinci kata çıkmış. Uzun bir koridor boyunca odalar sıralanıyormuş. Odaların birinde geniş ve rahat bir yatak varmış. Vakit hayli geçmiş ve tüccar da çok yorgunmuş; yatağa uzanmakta bir sakınca görmemiş. Ertesi sabah, yatağın baş ucunda gümüş bir sürahi içinde sıcak kahve ve bir kahvaltı tabağı bulmuş.

Kahvaltısını ettikten sonra kendisine böyle nazik davranan ev sahibini bulmak üzere aşağı inmiş. Ama önceki gece olduğu gibi, kimseyi bulamamış. İçinde bulunduğu durumun garipliğine şaşırararak atına atladığı gibi evine dönmek üzere yola koyulmuş. O sırada, bahçedeki güller dikkatini çekmiş. Kızına verdiği sözü hatırlayarak eğilmiş ve bir gül koparmış.

Gülü koparır koparmaz karşısına iyi giyimli, ama korkunç görünümlü bir yaratık çıkmış. Yaratık öfke dolu gözlerle ona bakıyormuş. Korkunç sesiyle konuşmaya başlamış. "Utanmaz! Seni misafir ettim, sana yemek verdim, seni kendi yatağımda yatırdım. Bana çiçeklerimi yolarak mı teşekkür ediyorsun? Ölmeyi hak ettin!" diye bağırmış.
Korkudan ödü patlayan tüccar, yaratığa dönmüş ve "Bağışla beni, bağışla beni! Ne istersen yapacağım. Çiçekleri kızım için kopardım. Ona güzel çiçekler götüreceğime söz vermiştim," demiş. Bunu duyan yaratık ona, "Seni bir tek şartla bırakırım. Kızını bana getireceksin!" diye karşılık vermiş.

Korkunç yaratığın emrine uymazsa öldürüleceğinden korkan tüccar, için için ağlayarak evine dönmüş. Başına gelenleri kızlarına anlattığında güzel kızı ona, "Babacığım, senin için her şeyi yaparım. Merak etme, hayatın kurtulacak. Hemen beni şatoya götür!" demiş. Babası kızına sarılmış, "Beni sevdiğinden hiç şüphe duymadım. Hayatımı kurtardığın için sana teşekkür ederim!" diyerek zaman kaybetmeden kızını şatoya götürmek üzere yola çıkmış.
Kısa süre sonra şatoya varan genç kız, korkunç yaratık tarafından hiç beklemediği bir şekilde karşılanmış. Yaratık, genç kızı babası gibi ölümle tehdit etmemiş, ona çok nazik davranmış.
Başlangıçta yaratıktan korkan ve ondan iğrenen güzel kız, o çirkin yaratığın kendisine çok iyi davrandığını fark etmiş. Yaratık ona şatonun en güzel odasını vermiş. Güzel kız burada ateşin kenarında dikiş dikerek saatler geçiriyormuş. Yaratık da onun yanına oturarak sessizce dikiş dikmesini seyrediyormuş. Zamanla, güzel kıza iltifat etmeye başlamış. Kızcağız bir süre sonra onun sohbetinden hoşlandığını fark etmiş.

Günler geçtikçe ikisi arasındaki bağ güçlenmiş ve bir gün yaratık güzel kıza kendisiyle evlenmesini teklif etmiş. Buna çok şaşıran güzel kız, ona ne diyeceğini bilememiş. O güne dek kendisine çok iyi davranan yaratığı üzmek istemiyormuş. Babasının hayatının kendi ellerinde olduğunu da aklından çıkaramıyormuş. Üzüntüyle, "Teklifini kabul edemem!" demiş. "Çok isterdim ama... " diye sözüne devam ederken, yaratık sözünü kesmiş ve "Anlıyorum. Teklifimi geri çevirdiğin diye intikam almayacağım," demiş. Gerçekten de sonraki günlerini tıpkı önceden olduğu gibi, güzel kızın yanında geçirmeye devam etmiş. Günlerden bir gün yaratık güzel kıza, sihirli gücü olan güzel bir ayna hediye etmiş. Güzel kız, bu aynaya baktığında uzaklarda bulunan ailesini görebiliyormuş. Yaratık ona bu şekilde yalnızlığın acısının hafifleyeceğini söylemiş.

Güzel kız, ailesinin aynadaki yansımasını seyrederek saatler geçiriyormuş. Ancak içinde onlara karşı duyduğu özlem de gün geçtikçe büyüyormuş. Günün birinde yaratık güzel kızı aynanın önünde ağlarken bulmuş. Ona neler olduğunu sorduğunda, "Babam hastalıktan ölmek üzere. Onun yanına gitmeyi o kadar çok istiyorum ki!" diye yanıt vermiş güzel kız.

Yaratık, başını sallamış. "Bu imkânsız. Şatodan ayrılamazsın!" diyerek kızın yanından uzaklaşmış. Ama çok geçmeden geri dönmüş ve "Eğer yedi gün içinde tekrar burada olacağına söz verirsen, babanın yanına gitmene izin veririm!" demiş. Güzel kız, mutluluk içinde onun ayaklarına kapanmış ve "Söz veriyorum. Ne kadar iyisiniz, beni çok mutlu ettiniz!" diyerek teşekkür etmiş.

Diğer tarafta, kızının kendi yüzünden yaratığın elinde tutsak olduğunu düşündükçe üzüntüsünden hastalanan babası, onu tekrar karşısında görünce sevinçle onun boynuna sarılmış ve çok geçmeden iyileşmiş. Güzel kız bütün gününü babasına, şatoda neler yaptığını ve yaratığın kendisine karşı ne kadar nazik davrandığını anlatarak geçiriyormuş. Ancak yedi gün çabuk geçmiş ve yedinci günün sonunda kız çok korkunç bir rüya görmüş. Rüyasında, korkunç yaratık ölmek üzereymiş ve sürekli "Bana geri dön!" diye bağırıyormuş. Onun bu bağırışlarından çok etkilenen güzel kız verdiği sözü hatırlayarak hemen yola çıkmış. Şatoya zamanında varamayacağından korkarak atını kamçılıyor, "Daha hızlı! Daha hızlı!" diye bağırıyormuş.

Şatoya vardığında, koşarak merdivenleri çıkmış. Yaratığa seslenmiş, hiç kimse yanıt vermemiş. Şatodaki bütün odalar boşmuş. Kalbi hızla

çarparak bahçeye inmiş ve yaratığın orada bir ağacın altında ölü gibi yattığını görmüş. Hemen eğilip boynuna sarılmış ve "Ne olur beni bırakma! Seninle evleneceğim!" demiş. Bu sözler üzerine bir mucize olmuş. Yaratık bir anda üzerindeki büyünün etkisinden kurtularak genç ve yakışıklı bir delikanlıya dönüşmüş. Genç kıza dönerek, "Uzun zamandır bu anı bekliyordum. Korkunç bir cadı beni bu yaratığa dönüştürdü. Ve beni bu büyüden ancak ben yaratık halinedeyken beni gerçekten sevecek bir genç kızın kurtarabileceğini söyledi," demiş. "Eğer benimle evlenirsen çok mutlu olacağım!" diye eklemiş.
Çok geçmeden büyük ve görkemli bir düğünle evlenmişler. Yakışıklı genç, karısının şerefine bahçeye güller ekmiş. O günden sonra, o şatoya "Güller Şatosu" denir olmuş.

TAVŞAN İLE KAPLUMBAĞA

Bir varmış, bir yokmuş... herkesten hızlı koşmakla övünen bir tavşan varmış. Bu tavşan, daima kaplumbağanın yavaşlığı ile dalga geçermiş. Sonunda, kaplumbağa ona: "Sen kendini ne sanıyorsun? Tamam, hızlı koştuğun doğru, ama sen de geçilebilirsin!" diye yanıt vermiş. Tavşanı gülme tutmuş: "Beni koşuda geçmek, ha? Kim geçecekmiş? Yoksa sen mi? O kadar hızlıyım ki, kimse beni geçemez! İstediğin şey üzerine bahse girerim, kabul ediyor musun?" Kendisine bu derece tepeden bakılmasından rahatsızlık duyan kaplumbağa, bu meydan okumayı kabul etmiş. Yarış parkuru belirlenmiş ve ertesi sabah, gün doğarken başlangıç çizgisine gelmişler. Kaplumbağa, kaderine boyun eğip yavaş yavaş ilerlemeye başlamış. Tavşan ise uykusuzluktan esneyip duruyormuş. Uykunun ağırlığıyla göz kapakları inen tavşan, rakibinin ne kadar ağır ilerlediğini görerek bir parça kestirmeye karar vermiş. "Sen rahat rahat git, ben daha sonra, dört sıçrayışta sana yetişirim." Rahatsız bir uykunun ardından, nihayet sıçrayarak uyanıp gözleriyle kaplumbağayı aramış. Oysa o hâlâ çok yakınındaymış: Henüz yolun üçte birini bile aşamamış.

Bunun üzerine, iyice rahatlayan tavşan, kahvaltı etmeye yetecek zamanı olduğuna karar vermiş. Yakındaki bir tarlada çok güzel havuçlar görmüş ve iştahla havuç yemeye koyulmuş. Ama hem çok fazla yediği, hem de güneş iyice yükseldiği için, yeniden uykusu gelmiş.
Yolun yarısına gelmiş olan kaplumbağaya şöyle bir baktıktan sonra, bitiş çizgisine gitmeden önce biraz daha kestirmeye karar vermiş.
Onu geçtiğinde kaplumbağanın yüzünün alacağı şekli düşününce, gülerek uykuya dalmış. Çok geçmeden mutlulukla horluyormuş.
Güneş ufuk çizgisine doğru inişe geçmeye başladığı sırada, sabahtan beri hedefine doğru azimle ilerlemekte olan kaplumbağanın parkurun sonuna varmasına bir metreden biraz fazla kalmış. İşte o anda, tavşan korku içinde uyanıvermiş: Uzaklarda, çok uzaklarda kaplumbağayı görmüş ve koşarak peşine düşmüş.
Uzun bacaklarını ileri geri hızla hareket ettirerek, dili dışarıda, çılgınlar gibi koşan tavşan, kaplumbağaya yetişmek üzereymiş. Biraz daha hızlansa neredeyse başaracakmış! Ama kaplumbağa bitiş çizgisi olarak kararlaştırılan noktayı henüz geçtiğinden, son hamlesinin bir faydası olmamış. Zavallı tavşan! Yorgun ve onuru kırılmış olarak, sessizce gülümsemekte olan rakibinin yanına yığılmış. Kaplumbağa ona bakıp şöyle demiş: "Son gülen, iyi güler!"

En Güzel Dünya Masalları (Kırmızı Kitap)
Özgün Adı: Le Più Belle Fiabe Del Mondo

Sorumlu Müdür: Nizami Özçelik, Çeviri: Zeynep Kumruluoğlu
Basıldığı Yer: Elyaf Matbaacılık A.Ş.
İSBN: 975-323-579-8